CRVAVTÉ

D'VNE IEVNE DAMOISELLE, A L'ENDROIT DE son propre pere, mariée outre sa volonté à vn vieillard qui en deuint jaloux.

Executée à Villeneufue d'Agen en Agenois, le 12. Septembre dernier.

A PARIS,

Chez SEBASTIEN LESCVYER, sur le Pont Neuf.

Jouxte la copie imprimée à Lyon par Ionas Gaulterin.

M. DC. XXIIII.

HISTOIRE TRAGIQVE
ET PRODIGIEVSE.

E monde eſt vn Theatre, où la nature
& les élemens (par vne ſympathie &
conformité d'humeurs & d'opera-
tions) repreſentent les effects de leurs
perfections, & les prodiges de leurs impuiſſances:
La diuerſité des monſtres, dans l'odieuſe forme
deſquels leurs œuures paroiſſent auortées & im-
parfaites, nous fait naiſtre à la verité quelques
traicts d'eſpouuentemens & d'admirations en
leurs prodigieuſes apparences: Mais liſant en fin
dans la deformité de leurs aſpects, cóme dans les
viuans tableaux de l'ire du Ciel, les marques & les
inflammations que le courroux de Dieu y a im-
primées, pour exciter nos conſciences, & nous re-
tirer du courant de nos iniquitez : Au lieu de laiſſer emporter la foibleſſe de noſtre humanité à
l'apprehenſion de leurs miracles, nous nous reti-
rons en nous-meſmes, & comme aduertis de ces
ſacrez ſecrets ambaſſadeurs de ſa juſtice, donnons
l'alarme à nos ames, & remettós nos actions dans
le chemin & la dreſſiere de noſtre deuoir, ſoubs la
fermeté de ceſte creance, que le feu ne produit
rien ſans l'air, l'air ſans la terre, ny la terre ſans
l'eau, vn ſeul ſans les quatre, ny tous enſemble

sans le vouloir & la preuoyance de ce grand mo-
teur, qui leur a donné l'estre, les a mis en quartier,
& disposé de leurs generations & de leurs effects:
Tellement que ceste cognoissance nous est vne
suffisante escole, pour nous en donner les preceptes & faire les leçons, & nous rendre fermes &
hors de branle & d'apprehension à leur arriuée.

Mais quand par vne action desnaturée, nous
renonçons à la cognoissance de nostre estre, imi-
tons les Nerons & les Viperes, mesprisons les
verges du Ciel, creuons les yeux à nostre raison,
pour ouurir la porte, & les aduenuës à nostre
desastre : & que semblables aux Hypopotames,
entreprenous sur la vie de nos peres, racourcis-
sons leurs vieux iours, & lauons nos furies dedans
leur sang apres leur trespas : Ce sont les effects qui
passent au delà de la cognoissance, qui font hor-
reur à la cruauté, espouuantent la tyrannie, sur-
montent l'enormité des prodiges, font cacher les
monstres de la nature & des élemens, & leur cau-
se est autant incogneuë, que l'espece & la cruauté de leur supplice doit estre rigoureuse & in-
comparable.

Solon, ce sage Philosophe & legislateur, in-
terrogé d'vn Athenien : Pourquoy parmy les
loix qu'il leur prescriuoit, il n'en auoit fait vne
des Parricides ? Parce (dit-il) que ie ne croy pas
qu'vn tel crime puisse aduenir. Belle & admirable response, digne d'vne ame alaictée dans le

miel & la douceur de l'humanité, & qui fait ju-
ger qu'il ne tenoit pas en la puissance des accidens
de produire vn effect si espouuantable. Douce
philaptie, faut il que les eslancemens de vostre
amour soient sans ardeur & sans vie aux cœurs
des humains, & qu'ils produisent des effects si re-
marquables parmy les bestes ? La Cigoigne ali-
mentera ses parens, les Cerfs passeront la mer à
leurs peres, le Lionceau poursuiura la chasse
pour les vieux Lions, l'Ourson nourrira sa mere
dans sa taniere, & ceste detestable creature ne par-
donneroit pas à son pere.

Cruelle fille, qui passez immediatement de l'O-
rient de vos beautez & de vos perfections au cou-
chant de vostre deshonneur & de vostre infamie!
Puis que vostre malheur a engendré ma plume
aux remarques de vostre histoire, permettez que
les mesmes couleurs que ie donneray à vos cruautez, & l'huile & les ombrages que i'imprimeray
sur vostre peinture, soient les mesmes effects &
les actes de la Tragedie que vous auez joüée de
vostre malheur, afin que mes discours aussi veri-
tables que vos actes abominables, soient de signa-
lez exemples aux Dames de vostre aage, des aduis
à leurs peres, & des prodiges à la posterité. Non
sans regret, cruelle, & mon cœur en souspire,
qu'au lieu d'animer ces traicts de vos perfections,
il me faille emprunter leur ame dans vos souspirs,
& couper les plumes dorées des aisles de vostre re-

nommée, pour publier auec voſtre infortune, les fureurs & les rages de voſtre deſſein.

Ceſte ame barbare ſortie d'vne des plus illuſtres maiſons d'Agenois, fille de Monſieur du Valbony, Gentil-homme à qui la valeur contribuoit tous les lauriers de ſes actions : Nourrie dez ſes tendres iours ſoubs les preceptes de l'honneur, & les reigles de la bien-ſeance, eſtoit ſi partagée des faueurs du Ciel, & des graces de la nature, que ſon enfance ne promettoit pas moins de merueilles, que ſon adoleſcence a produit de malheur & d'eſtonnement. Rare en toutes ſes actions, parfaite en toutes ſes aduantures, honorée comme la fleur des vertus, & adorée comme la perle & le diamant des beautez du monde. Le premier ſujet qui arreſta ſes volages & legeres penſées ſur le pole & le Ciel d'vn conſtant amour, fut vn jeune Gentil-homme de Caſtres d'Albigeois, que la Nature auoit doué de toutes les perfections neceſſaires à vn homme de ſon aage & de ſa qualité. Amour qui fait touſiours des rencontres de belles ames, faiſant par leurs douces veuës prodiguer les jeunes antes de leurs amoureux deſirs dans leurs cœurs, prend vne profonde racine dedans leur ame, & en faueur de leurs premieres & plus violentes flames, les fait voir vn iour à vne compagnie, & leur permet l'vſage de la langue, & les douceurs de leurs entretiens amoureux. Ces flames inuentées dans leurs diſcours, prote-

A ij

ſtant mille offres de ſeruices & d'obeïſſance à ceſte Belle, font donner en partie mille traicts de recognoiſſance à ce Gentil-homme. Ces diſcours tous confits d'ardeurs, ces regards tous charmez de grace promettent reſpectiuement vne eternité de vie à leurs feux, & vn Paradis à leurs eſperances : qu'ils ne viuroient que de ſouuenir en leur ſeparation, & des faueurs & des delices en leur preſence. En fin de ce rapport naturel de cœurs & de volontez, ils en tirent vne augure pour leur mariage.

Et pour en faciliter l'entrepriſe, & en racourcir les attentes, ils recourent à l'intermiſſion d'vn Gentil-homme de leurs amis, pous ſçauoir ſi le pere de ceſte Damoiſelle auroit agreable ceſte alliance, lequel en faueur de leurs pretétions amoureuſes, part dés auſſi toſt de la maiſon, va voir Mõſieur de Val-bony, & ſonde l'interieur de ſes volontez & de ſes deſirs, non en luy manifeſtant leurs amours, mais ſoubs l'ombre de quelques paroles qui luy en pouuoient faire naiſtre la cognoiſſance : En fin cognoiſſant apres la diuerſité de leurs entretiens, ſes vœux tournez d'vn autre party, & ceſte beauté deſtinée à vne autre offrande, luy laiſſe vn adieu & va rapporter à ces deux amans le rebut qu'il auoit fait de ce mariage, qu'il auoit voüé ſa fille à vn autre lict, que ſes deſſeins contreuenoient à leurs intentions, & qu'il eſtimoit leurs amours veines & periſſables, puis que l'accompliſſement d'vn Hymenée dependoit de l'aduis & de l'arbitre de nos parens.

Cés diſcours tirant auſſi toſt des ſouſpirs de leurs cœurs, apres mille blaſphemes contre le ciel, & les cruautez de ce pere, leur fait jurer vne promeſſe contre ſon refus, & baſtir des remedes à leur paſſion, reſolus de demeurer fermes en leur amour, & porter touſiours leurs cœurs en champ ouuert, pour combatre les obſtacles qui s'oppoſeroient à leurs affections & conſtance.

Pauure infortuné, où eſt ceſte belle prudence qui vous faiſoit admirer du monde; & ces vertus triõphantes qui ont touſiours accompagné voſtre modeſtie dés le berceau; Voyez-vous pas qu'Amour veut embellir ſon hõneur des taches de voſtre infamie, & rédre tributaire voſtre renommée à vn deshõneur eternel; Triſte Suſanne a quel deſtin vos fortunes ſont obligées! Et quel Aſtre rigoureux preſide ſur vos deſſeins! Regardez quel orage vous menace! Mais las! comme reſoluë ſur voſtre perte, il vous faut laiſſer paſſer au courant de voſtre malheur.

Ce jeune Gentil-homme ayant fait joüer les derniers reſſorts des artifices & des perſuaſions de ſon pouuoir & de ſa patience, voyát l'ame du pere de ceſte Belle ſi ferme dãs ſes obſtinations & dans ſes refus, & ſa maiſtreſſe promiſe à vn vieillard indigne d'vne ſi belle conqueſte, enclos dans le dedale de ces malheurs, ſur les derniers hocquets de

les esperãces, fait vn coup d'essay sur la continen-
ce, & marchande auec de mourants regrets sa pu-
dicité : mais jugeant en fin cest inuincible boulle-
uart d'honneur hors de prise, & ce glorieux cha-
steau de virginité, sans espoir de contribution, se
retire doucement auec ses forces : & fermant les
portes de son cœur auec les mesmes clefs du tombeau de ses esperances, condamne ses lubriques
poursuites, comme hideuses creatures de son desespoir, donne ses souspirs & son amour à la Belle,
& les reliques de ses membres à son trespas.

Ie tairay vos larmes, belle Susanne, pour loüer
vostre chasteté, digne à la verité, & encoré plus digne d'vne couronne enguirlandée de mille tro-
phées, si par le declin de ceste vertu admirable, vostre malheur ne luy en rauissoit vn iour la gloire,
par le prodige du crime que vous deuez cõmettre
sur la vie de vostre pere, nuict & ombrage qui ecli-
psant les lumieres de vos merueilles, desrobera les
odeurs de vostre renommée, & enterrera vostre
nom comme vn detestable mõstre dans le tõbeau.

Et de faict, l'auarice aueugle des peres, qui
preferent les richesses à l'honneur, l'or aux vertus, le bien à la gloire, & leurs passions aux de-
sirs & aux volontez de leurs enfans, fleurissant
dans le cœur du pere de ceste Belle, luy fait fer-
mer les yeux aux hommages & à la recherche de
ce Braue, pour ouurir l'oreille à la demande d'vn
vieillard de basse extraction, qui ne cognoissoit
honneur

l'honneur que par ombre, ny la vertu que par opi-
nion : affluant neantmoins en magnificences, a-
bondant en reuenus, superbe en maisons, riche en
ses seigneuries, honoré pour son argent, & ca-
ressé pour ses heritages.

Monsieur de Val bony qui voyoit la succes-
sion ouuerte de toutes ses richesses inestimables à
sa fille, en faueur de la donation qu'il luy promettoit en son mariage, puis que ses enfans estoient à
naistre, & que tous ses parens estoient morts, Fait
appeller la belle Susanne, luy raconte son inten-
tion, luy monstre les gloires de sa fortune, les
triomphes de sa grandeur, les honneurs qu'ap-
portent les richesses du monde, les jurisdictions
& les seigneuries de ses places, qu'elle seroit aussi
tost son heritiere que sa femme, que les beautez
s'entretiennent aupres de la vieillesse comme la
verdeur de l'arbre aupres du ruisseau. Et qu'il
l'aymoit auec autant de respect & de passion, qu'il
la luy auoit demandée auec amour & impatience.

La response de ces cruelles & infortunées paroles fut vne rosée de larmes, ses reparties vn orage de souspirs, & concluant sa passion, exhalere
ces souspirantes paroles.

Monsieur, vos souhaits tiennent trop de l'a-
uarice & de l'ambition pour trouuer leur perfe-
ction dans les effects de mon obeïssance, mes de-
sirs repugnent à leurs intentions & mon ame ne
signera iamais ceste promesse que par crainte: sou-

uenez-vous que ie suis voſtre creature, & que de
violenter mon inclination, ce ſera eriger des tro-
phées à ma perte, & donner vie à la naiſſance de
quelque malheur: ces atomes d'honneur que vous
figurez en ce mariage ſeroient des geſnes & des
ſupplices pour mon amour : le tombeau m'eſt
plus agreable que ceſte alliance, & mon cœur re-
cherchera pluſtoſt les cendres de mon treſpas que
de porter mes volontez à ceſt Hymenée. Belle
Suſanne, vos plaintes ſont juſtes, mais il faut paſſer carriere, l'humeur inexorable de voſtre pere
fait la ſourde oreille a vos regrets & à vos raiſons:
les mains en eſtoient touchées auant que de vous
en communiquer l'entrepriſe.

Pauure pere, qui files (du deſeſpoir où tu mets
ta fille) le cordeau & la chaine de ton treſpas! Ne
ſçauois tu pas que l'amitié eſt ennemie de la con-
trainte? & qu'en ce rude & dangereux marché de
ces deux ames, il falloit de neceſſité qu'il en ſortiſt
quelque accident & quelque malheur?

Mais quoy? la pierre eſt jettée, le vieillard eſt
en chemin, la diſpoſition en eſt faite, l'abſence en
a fait l'amour, & le pere le commerce de leur en-
tre-veuë: Paſſons outre, tous aduenemens ſoubs
pied, larmes & ſouſpirs en l'air, regrets à l'eſcart,
on n'entend que banquets & reſioüiſſances. Tout
y rit en effect, la pauure Damoiſelle ſouſpire ſeule
dans le ſilence, & par ſes actions contraintes, il
eſt impoſſible qu'on ne liſe les ſecrettes opera-

tions de son martyre & de sa douceur. En fin, les ceremonies passées, l'Epithalame en sa conclusion, les bon soirs donnez & receuz, tous les assistans se retirent auec les plaisirs, & ne laissent pour compagnie à ceste miserable espousée, que la douceur & le desespoir de se voir accompagnée, au lieu de quelque muguet courtisan, de ces vieilles reliques de l'aage.

Mais, las! ce ne seroit rien pour vn iour, ce nœud ne se peut deffaire que par la mort, ces chaines sont indissolubles durant leurs vies, le temps ne les peut desünir que par le trespas, & la trame & les cizeaux de la Parque sont autant fatales à la puerilité comme à la vieillesse.

Paunre Susanne, encore vostre constance seroit inuincible, s'il n'entroit en ialousie auec son ombre, en soupçon auec ses voisins, ne vous deffendoit les compagnies, vous bailloit les gardes-corps, & vous fermoit à clef dedans la maison, comme dans la geolle d'vne captiuité! Vos yeux sont des adulteres à ses opinions, leurs chastes egards des ambassadeurs de lubricité, vos actions des courages à ses pensées, vn chat le met en transe dedans son lict, les ombres sont des embusches, & les souris & les chiens des demons & des esprits domestiques qui vous entretiennent. Et parmy ces erreurs & ces fantasies, de ialoux deuient tyran, trauaille vostre repos auec des iniures, essaye la foiblesse de ses bras sur vostre corps, & vous ty-

rannisant sans offence, violente voftre patience,
& vous jette dans la fureur & la rage du defefpoir.
Si bien que la condition des ames damnées eft
plus heureufe que voftre fortune, & les peines &
les cruautez des abyfmes plus fupportables que
vos malheurs.

Courage, belle Sufanne, il n'y a paffion que la
conftance ne furmonte : la vertu fleurit dans l'af-
faut, les difficultez font paroiftre les ames plus ge-
nereufes, l'honneur mefme fera le prix & la gloire de ce combat, la victoire depend de voftre patience : faites feulemenr ferme, le temps vous a-
menera le fecours.

Ayant paffé fix mois foubs la tyrannie de ce
vieillard, on void naiftre vn immortel diuorce
entre eux-deux, fi qu'abandonnant les limites de
la raifon, fauorife pluftoft les artifices de fon malheur.

Ce fchifme & partialitez de fes defirs luy font
maudire l'efpineufe gefne de fon mariage, blaf-
phemer contre fon tyran de mary, accufer la
cruauté & l'auarice de fon pere : Et tournant fes
yeux vers la mer (qu'elle voyoit à vne lieuë de la
feneftre de fa chambre) foufpirer ces plaintes ani-
mées de paffion & de rage.

Douces ondes, plus pitoyables que ces cruels
bourreaux de ma felicité & de mon repos, que de
douceur en vos amertumes! fi ce trifte corps eftoit
auffi auant dans vos flots, que mes defirs y font en-

foncez auec ma veüe, ie punirois ces barbares par
ma perte, vos vagues feroient mon lict, voftre
azur mon tombeau, & vos Sirenes & vos Tritons,
touchez de pitié, blafmeroient les autheurs de
mon infortune : mais ces graces me font interdi-
tes, cefte chambre m'eft donnée pour ma prifon,
le Cerbere eft à la porte, les Demons font au guet,
la defcente de l'enfer eft panchante & aifée, mais
la fortie eft difficile & laborieufe.

Sus donc (mon cœur) deftournons ces infortu-
nes qui nous attaquent, noftre efperance gift au
mourir, les affligez empruntent de la mort leurs
remedes, l'ame ne tient le corps que par emprunt,
l'antidote de cefte contagion de douleurs, eft de
luy remettre fon gage, faifons que le fchifme de
cefte focieté nous guerifle, auffi n'auons-nous
vn plus fauorable refuge que le trefpas.

Le diable qui veille toufiours fur le defefpoir,
affamé de fang & de meurtres, fe feruant du courant de fes fureurs & de fes paffions, comme des
inftrumens preparez au cataftrophe de cefte tragedie : Pour en aduancer la fin & l'iffuë, met vn
iour dans l'ame du vieillard, daller à vn de fes
chafteaux, pour vn affaire où fa prefence eftoit
requife, & laifle pour ce foir là la charge de fa
maifon à Monfieur de Val-bony.

Ce pauure pere, n'ayant aucune cognoiffance
de l'eftat où la tyrannie de ce vieillard auoit reduit
cefte infortunée, voyant la rigueur de fes accueils,

sans salutation 'a l'entrée, & sans entretien dans la maison, le prend pour mespris, luy dit des injures, & sans son homme de chambre il l'eust frapée de son baston.

Ces excez renflamment la colere & les animositez en son ame, la portent dans la fureur de son desespoir, & se retirant dans son cabinet, attendant le coucher de son pere, entretint sa rage auec ces paroles.

Tu ne seras pas seule, Susanne, en ton sacrifice, Tullie fist bien mourir son pere, & apres sa mort passer ses cheuaux & son carrosse dessus son corps, mais c'estoit pour auoir sa couronne, & tu le fais pour ta liberté. Les cendres de Clitemnestre accusent bien encor son fils Oreste, mais comme la vengeance de son pere l'excuse, les martyres & les cruautez de ces tyrans te justifieront : Mais il y en a tant d'autres, Ptolomée Roy d'Egypte tua sa mere & sa sœur, Cambises Roy des Perses son frere, Virginie sa fille, Astiages son fils, selon les effects & les rages de leurs passions : & la mort que ie donneray à ce cruel pere, est pour la punition de son crime ; mais qu'ay-ie dit, pere ? quel erreur m'aueugle ? c'est plustost vn barbare, le sang pourroit-il mentir ? violenter vne ame affligée ? desesperer les esclaues ? bourreler vn cœur à la gesne, apres auoir vendu ma liberté au poids & à la mesure d'vne auarice insatiable, m'obliger aux loix d'vn tyran ; me donner vn enfer pour vn ma-

ziage, sont-ce des actes de pere? pere, non! iamais
pere, ou si vn pere, plus cruel que Saturne, qui
deuoroit ses enfans au berceau, plus impitoyable
que Medée, qui démembroit & jettoit en l'air les
ossemens & la chair de sa nourriture.

Ha! cruel, si tu as voulu obliger ma vie aux
langueurs de ces cruautez, desesperée maintenant
ie sacrifieray ceste nuict le reste de tes iours, ie
sortiray de ceste prison, & naissant comme la Vi-
pere, ie renaistray dans le monde, mais ce sera par
tes cendres comme le Phœnix.

Ce genie infernal la fait sortir sur la my-nuict
de son cabinet, & entre dans la chambre de son
pere pour luy faire gouster dans le lict les douceurs du sommeil & les rigueurs de la mort, & al-
terant dauantage sa rage, estant saisie d'vn poi-
gnard qu'elle auoit preparé pour cét effect, se jette sur son pere, lequel estoit en vn profond sommeil, luy en donna trois coups d'vne telle force, &
si à propos, qu'il n'eut loisir de s'esueiller, ayant
perdu la vie plustost que d'auoir peu ouurir les
yeux : Acte à la verité d'vne ame desesperée, qui
estonne le sens humain, & fait naistre mille poin-
tes d'estonnemens incroyables, si la puissance du
diable n'y estoit meslée.

Cest excez bourrellant son cœur par des secret-
tes gesnes de sa conscience, luy faisoit cercher la
mer pour tombeau : mais le Ciel justicier reser-
uant sa vie à vn autre element, soubs la cognois-

fance de la juftice temporelle, efueille l'homme
du mort, lequel courant à la chambre de fon mai-
ftre, void ce trifte fpectacle, met la maifon en
alarme, faifit cefte barbare à la porte, la fait pri-
fonniere, & la baille à la Iuftice: Ouye, elle con-
feffe, confeffant eft condamnée, fa condamna-
tion la met entre les mains d'vn bourreau, & le
bourreau la conduit au lieu où elle auoit efté de-
ftinée d'eftre bruflée, Ie fupprimeray fes com-
plaintes, fes regrets, fes foufpirs, les aduis qu'elle
dit aux peres, les injures à fon mary, les adieux
aux Dames, le defdain de fa vie, la confeffion &
les repentirs de fon offence, les pardons du Ciel,
l'aueuglement de fa fureur, & le defefpoir où fon
pere l'auoit portée, pour eftre des argumens d'vn
monde d'hiftoires, & non des fujets de difcours
volants comme ceftuy cy, qui prend l'effor pour
contenter les curiofitez, & foufpirer l'infortune
de cefte Belle.

F I N.